La Guerre dans ma cour

Kees Vanderheyden

La Guerre dans ma cour
récit autobiographique

Boréal

Cet ouvrage a été publié avec l'appui du Programme
de subvention globale du Conseil des Arts du Canada.

Maquette de la couverture: Rémy Simard
Illustrations: Jocelyne Bouchard

© Les Éditions du Boréal
Dépôt légal: 1e trimestre 1994
Bibliothèque nationale du Québec

Diffusion au Canada: Dimedia
Distribution en Europe: Les Éditions du Seuil

Données de catalogage avant publication (Canada)

Kees Venderheyden

La Guerre dans ma cour

(Boréal junior; 34)

ISBN 2-89052-611-9

I. Bouchard, Jocelyne. II. Titre. III. Collection.

PS8593.A38G83 1994   jC843'.54   C94-940345-8
PS9593.A38G83 1994
PZ23.V36Gu 1994

On dit que les chênes
naissent souvent des noix oubliées
par les écureuils l'automne.
Certaines anecdotes
de notre enfance,
enfouies dans notre mémoire
depuis longtemps,
reprennent vie subitement
des dizaines d'années plus tard.

Aux Canadiens qui nous ont libérés,
À mon père et à ma mère,
qui ont enduré mes frasques,
À mes amis et amies de l'été 44
et
À mon frère Jan
né le 20 mai 1944
à l'aube de la Libération

«Ouvrez! Ouvrez immédiatement!»

Frustré, l'officier allemand arrache brutalement l'affiche que mon père avait clouée sur la porte de la maison. Il se met à cogner vivement en hurlant: *«Öffnen Sie, sofort!* Ouvrez! Ouvrez immédiatement!»* Ainsi commence une longue suite d'événements que je n'oublierai jamais. Cela commence par l'occupation de notre propre maison à Oisterwijk, en Hollande, en juin 1944. J'avais alors 11 ans.

Notre pays

L'invasion allemande de la Hollande a commencé le lendemain de ma première communion, quatre ans plus tôt, en 1940. Je me rappelle clairement les traces blanches laissées dans le ciel par les avions allemands et les soldats hollandais qui se cachaient, le fusil à l'épaule, derrière les haies et les murs dans la rue. Ma mère nous avait préparé à la hâte des sacs à dos contenant des vêtements et des provisions au cas où nous aurions été obligés de quitter la maison précipitamment.

L'occupation a d'abord été une longue période de présence militaire. Des patrouilles de soldats allemands paradaient en chantant dans les rues du village et des militaires se tenaient devant les principaux édifices de la ville. Les Allemands contrôlaient tout et mes parents devaient sans cesse montrer leur carte d'identité, leur *Ausweis*.

Il faut signaler aussi une présence plus sournoise, plus menaçante, celle des NSB. Les NSB étaient des compatriotes membres de l'Association nationale socialiste. Ils collaboraient avec les Allemands en échange des meilleurs emplois, du privilège de se promener en automobile, et d'avoir deux fois plus de tickets de rationnement que ceux qui étaient normalement distribués.

Ces NSB nous épiaient et dénonçaient ceux de nos compatriotes qui contrevenaient aux lois et règlements décrétés par les occupants. Il fallait toujours faire attention à ce que nous disions de crainte qu'un NSB nous entende. Nous les détestions encore plus que les soldats allemands, car c'étaient des Hollandais qui trahissaient leur patrie et envoyaient leurs concitoyens en prison pour une bouchée de pain. C'étaient de vrais traîtres.

Nous n'avions plus le droit de chanter le *Wilhemus,* notre hymne national, ni de célébrer la fête de la reine Wilhelmina.

Le soir à partir de 10 heures, il était défendu de sortir et, dès le coucher du soleil, il fallait boucher toutes les fenêtres. Un soir en installant ces grands papiers noirs sur les carreaux, papa m'expliqua que les Allemands voulaient ainsi cacher toutes les lumières et rendre les villes et les villages invisibles la nuit. Ainsi, les avions alliés auraient du mal à trouver le chemin de l'Allemagne.

Les oranges, le chocolat, le thé et le café avaient disparu des magasins. Maman achetait le pain, le lait, les œufs et un peu de beurre ou de sucre avec ses tickets de rationnement. Le savon devenait aussi de plus en plus rare et précieux. Nous avons finis par nous laver avec des petits pains de glaise.

Étant donné que les souliers devenaient presque introuvables, maman décida que nous porterions des sabots de bois pour ménager nos semelles. En hiver, pour tenir nos pieds au chaud, nous remplissions nos sabots de foin. Faute de carburant, les taxis étaient devenus d'étranges carrosses tirés par des chevaux. Le garagiste en avait ôté le moteur et le «chauffeur» tenait les brides du cheval à travers la fenêtre avant débarrassée de son pare-brise. Nos bicyclettes finirent par rouler sans pneus, l'armée allemande ayant confisqué tout le caoutchouc. Nous

étions toutefois certains que les Allemands n'en auraient aucune utilité.

Au début de la guerre, j'avais remarqué des étoiles jaunes cousues sur les vêtements de parents et d'enfants juifs. Petit à petit, ces étoiles avaient disparu et avec elles les Juifs, sans que je comprenne pour quelle raison.

Nous allions bien souvent explorer un cimetière juif entouré d'un grand mur de briques, qui était caché dans la forêt en face de chez nous afin de percer le mystère de ce peuple. Les tombes silencieuses ne manquaient pas de nous fasciner. La guerre et ses drames troublants étaient des affaires d'adultes auxquelles les parents ne mêlaient pas volontiers les enfants. Par conséquent, nous ne pouvions compter que sur nous-mêmes pour comprendre ce qui se passait réellement.

Au village, la guerre compliquait considérablement notre vie quotidienne. Notre seul lien avec le monde libre restait un petit poste de radio caché par mon père sous le plancher de la chambre à coucher de mes parents. Les Allemands avaient confisqué tous ces appareils dès le début de la guerre, mais papa leur avait donné un vieux poste et avait gardé sa belle petite radio toute neuve. Il l'écoutait le matin pour avoir les dernières nouvelles de «Radio-Nederland» de Londres, pendant que ma mère faisait le guet près de la fenêtre. Ma sœur Charlotte et moi, complices de l'écoute secrète de mon père, menions un train d'enfer dans la maison pour couvrir les sons compromettants.

Chez nous

Juin 1944, mois du grand débarquement allié en Normandie. Nous demeurons à Oisterwijk, un joli village tranquille dans la province du Brabant à quelques kilomètres de la frontière belge. Ma mère vient de donner naissance à un petit frère, Jan. Depuis la disparition de mes deux petites sœurs, mortes au cours d'une épidémie de diphtérie au début de la guerre, nous sommes maintenant cinq marmots, deux sœurs et trois frères. Âgé de 11 ans, je suis le plus vieux.

Au cours des événements de 1944-1945, ma sœur de dix ans et la bande d'amis occupent la première place dans mon existence. C'est en partie inévitable, car mes jeux et mes aventures ne sont pas de nature à rassurer nos parents. Nous formons entre enfants un groupe fidèle et solidaire de garçons et de filles, Léo, Gérard, Piet, Charlotte et bien d'autres. Pollie, notre chien, fait partie du tableau. Nous parlons et chantons beaucoup, et nous élaborons des plans aussi grandioses et qu'irréalisables.

Mon père, Cor, subvient à nos besoins et comme il travaille clandestinement pour le marché noir, il peut se procurer des aliments rares (beurre, lait, œufs, saucisses). Il est aux premières loges pour obtenir de l'information sur les Alliés et les progrès de la guerre, grâce à la friture qui sort de sa radio secrète. Il défend farouchement notre maison contre les envahisseurs, quitte à les menacer d'épidémies dangereuses telles que la diphtérie.

Doté d'un optimisme à toute épreuve, malgré les troubles de l'occupation, il chante sans cesse; il raffole de dessins animés et de films de cowboys. Très croyant et catholique pratiquant, il nous envoie régulièrement à l'église prier pour la Libération et pour d'autres bénédictions du ciel.

Quand les Alliés se trouveront enfin parmi nous, il nous traduira les propos héroïques des Canadiens, et après leur départ, il envisagera de quitter la Hollande pour l'Amérique.

Ma mère, Thérèse, prie beaucoup moins. Elle ne chante pas non plus, mais dans le monde prosaïque de la guerre, elle incarne la fantaisie, la folie. Révolutionnaire et très complice de nos exploits, elle est toujours prête à nous suggérer de bons coups à faire et à nous aider dans l'élaboration de nos plans secrets. C'est une fée de la machine à coudre et avec une simple feuille de papier, elle nous confectionne des nez de clown, des loups et des habits d'Indiens et de princes. Nos vêtements usés sont toujours soigneusement rapiécés et elle dessine de magnifiques affiches pour nos cirques et mes pièces de théâtre.

Avec l'aide du trafic secret de mon père, elle réussit à nous préparer, trois fois par jour, des repas délicieux. Seuls deux aliments qu'elle nous sert avec obstination ne trouvent pas grâce à nos yeux: le gruau et les tartines de graisse de porc. Nous vidons nos assiettes de gruau en grimaçant, mais les tartines disparaissent derrière le divan ou dans le fossé sur le chemin de l'école. Mes parents créent toute la chaleur et l'effervescence de notre foyer durant ces mois de tourmente.

Notre maison est grande, belle, et dotée d'une vaste terrasse de dalles rouges, à laquelle on accède par deux doubles portes françaises. Le soir venu, des volets camouflent toutes les portes et les fenêtres du bas, et un toit de chaume ajoute une touche supplémentaire au charme romantique de l'ensemble. À l'intérieur, on trouve cinq chambres à coucher, un salon double avec foyer, une salle à manger, une salle de jeux, une cuisine, deux salles de bains et une cave.

La maison, de fière allure, est entourée d'un grand jardin plein d'arbres et d'arbustes fruitiers ainsi que de plates-bandes. Dotée d'un garage spacieux, également à toit de chaume, elle est située sur une grande allée bordée d'arbres qui mène d'un côté à notre village, Oisterwijk, et de l'autre vers Moergestel et plus loin encore, vers la grande ville de Eindhoven.

Les Allemands n'ont pas tardé à repérer notre maison. Elle est digne d'abriter un officier. Mon père avait bien tenté d'éloigner les occupants à la recherche d'une maison par une affiche annonçant une épidémie de diphtérie. Cette fausse annonce d'une terrible maladie contagieuse n'avait produit un effet que pendant quelques semaines.

Par un bel après-midi, un officier allemand arrache la pancarte et frappe à la porte pour annoncer qu'il réquisitionne la maison au profit d'un général et de son état-major. Je ne me souviens plus du nom du général, il me semble qu'il s'appelait Schliemann. Je n'ai jamais su si ce nom était exact ou s'il n'était que le fruit de mon imagination enfantine.

L'arrivée du général entraîne un branle-bas qui nous prive non seulement de trois chambres à coucher, de la salle de jeux, du salon, de la salle à manger, mais aussi du garage où, parmi les toiles d'araignées et les nids de souris, j'ai aménagé avec mes amis une cachette secrète. Le général s'installe dans une chambre du haut, et les autres soldats, qui sont environ une vingtaine, logent entre le salon et la salle de jeux. Ils nous laissent disposer de deux chambres à coucher et de la cuisine.

Sous le châtaignier, près de la porte de la cuisine, stationne désormais sous les branches, une belle voiture de couleur grise, celle du général. Les soldats transforment le garage en poste de communication radio branché sur le monde mystérieux de l'armée allemande par l'intermédiaire d'un incroyable fouillis de fils et d'antennes. Ces étrangers contrôlent toute notre vie, et cette situation risque, en outre, de transformer notre résidence en une cible idéale pour les avions alliés.

La maison de mon ami Léo Berkelmans, située juste à côté de la nôtre et tout aussi spacieuse, est également occupée par l'armée allemande. Heureusement pour nous, ces soldats faisaient partie de l'armée régulière, la

Wehrmacht, et non pas de la SS, ces terribles troupes d'élite que tout le monde redoutait.

Le général Schliemann accapare tout l'espace. Bien entendu, je ne l'aime pas. Il représente l'ennemi et qui plus est, incarné en un chef d'armée. Je le trouve néanmoins impressionnant dans son bel uniforme toujours bien repassé, entouré d'officiers un peu raides mais impeccables, tout à ses ordres. Il a aussi son cuisinier attitré, qui nous apporte discrètement des denrées rares telles que de la viande, du beurre et du pain.

La coexistence avec ces soldats occupants est souvent tendue, mais demeure cependant pacifique. Mon patriotisme d'enfant s'inspire de celui de mes parents. Entre enfants, nous nous considérons comme de petits «résistants» et nous prenons nos distances avec les Allemands, même si nous ne sommes pas insensibles à un clin d'œil ou à un sourire.

Les jeux de guerre des grands et des petits

À Oisterwijk, en cet été 1944, mes amis et moi prenons encore la guerre pour un grand jeu, mené de façon magistrale par les adultes et imité plus modestement mais avec imagination et conviction par nous, les enfants. Ce n'est que lentement qu'elle nous révéla son visage de mort et de destruction.

La guerre des grands

Les jeux adultes les plus spectaculaires sont les combats aériens de jour et de nuit. Ils s'annoncent par les hurlements de sirène et les jappements du canon antiaérien. Le jour, le ciel se couvre pendant des heures de nuées de bombardiers (des Liberator, des Flying Fortress et des Lancaster, selon mon père) et des chasseurs qui les escortent (surtout des Spitfire).

Quand le ciel est dégagé, je vois de multiples petites taches noires formées par les obus antiaériens allemands qui explosent autour des avions. C'est un grand cirque, à la fois éblouissant et terrifiant. De temps en temps, un avion est touché, prend feu et plonge en fumant vers la terre, précédé d'un petit cortège de parachutes blancs.

Ce même jeu céleste devient, durant la nuit, un dangereux feu d'artifice. Les rayons blancs des projecteurs allemands strient le ciel noir. Ils tentent d'emprisonner les avions dans leurs filets de lumière pour mieux les viser avec leurs obus meurtriers. Ces jeux angoissants qui préparent notre délivrance en semant des bombes sur l'Allemagne se répètent presque quotidiennement. Les soldats allemands les suivent aussi attentivement que nous-mêmes.

Nous assistons à un véritable feu d'artifice le jour où une patrouille de Spitfire met le feu à un train de munitions stationné dans la gare du village. Les explosions se succèdent des heures durant et des nuages noirs qui sentent la poudre envahissent le ciel d'Oisterwijk.

L'école

À l'école, nous faisons régulièrement des exercices de défense contre d'éventuelles attaques aériennes. Le directeur fait fonctionner la sirène, un gros cylindre rouge muni d'une manivelle permettant d'émettre des hurlements d'alerte. Notre jeu de cachette commence dès les premiers cris stridents du machin rouge. Selon l'importance de l'attaque prévue, nous nous sauvons. Dans le cas d'une petite attaque, nous nous abritons sous nos pupitres. S'il est question d'un grand danger, nous devons nous asseoir dans les couloirs de l'école, plaqués contre les murs intérieurs.

Le directeur nous explique savamment que les bombes qui tombent sur une maison ou une école font éclater les murs vers l'extérieur. Il faut donc s'asseoir contre les murs intérieurs. Je ne comprends pas pourquoi le mur intérieur ne tomberait pas sur nous en s'envolant vers l'extérieur.

Ces jeux sont plutôt amusants. Nous savons qu'il n'y a pas de bombardements en perspective, mais ça transforme l'école en terrain de jeux.

Notre guerre à nous

Dès le printemps 1944, tout nous prépare à mettre au point nos propres jeux de guerre. L'école est occupée par les Allemands. Donc, finis les cours et vive les vacances!

Inspiré par la grande guerre qui se déroule autour de nous, je passe d'innombrables heures avec mes amis à préparer la nôtre. Fabriquer des armes pour nos futurs combats est notre plus grand plaisir.

Je réussis à fabriquer une sorte de

grenade à main avec une bouteille et un peu de carbure. Ce carbure est une roche blanche très friable que ma mère réduit en morceaux qu'elle dépose dans la lampe que nous allumons le soir. Nous n'avons plus d'électricité et il n'y pas de carburant pour les lampes à huile. Mon père a donc inventé pour nous «une lampe à carbure», composée de deux boîtes de métal rondes qui s'imbriquent. Celle du haut a un petit tube percé de deux minuscules trous, d'où sort, avec un sifflement, le gaz qui produit une flamme blanche et vive. La boîte du bas contient les pierres de carbure sur lesquelles ma mère verse un tout petit peu d'eau, avant de glisser rapidement les boîtes l'une dans l'autre. Cet appareil représente cependant un danger qui nous tient en haleine soir après soir lors de la préparation de la lampe. En effet, si on verse trop d'eau sur les pierres, la lampe peut exploser une fois fermée. C'est arrivé plusieurs fois, mais il y a eu plus de peur que de mal.

Voilà une idée que je trouve intéressante pour confectionner une bombe qui servira dans nos batailles. Il s'agit de fourrer quelques morceaux de carbure dans une bouteille pas très solide, de verser un peu trop d'eau dedans, de la fermer solidement, puis de la lancer sur l'ennemi. Dans le plus grand secret, je fais quelques tests qui me semblèrent concluants.

Mais un de ces essais manque de tourner au drame. Les deux camps se font face. Nous lançons une bouteille explosive qui refuse d'éclater. Un brave de notre bord s'en approche pour la reprendre et la recharger quand elle vole soudain en éclats. Mon ami en est quitte pour quelques éclats de verre dans les jambes et nous sonnons la retraite sous les huées de nos ennemis. Mieux vaut désormais s'en tenir aux armes éprouvées.

Cette première idée en fait naître une deuxième encore plus géniale à mes yeux: la bombe qui vole. Quand les éléveurs tuent le cochon, ils donnent toujours les vessies aux enfants pour en faire des ballons de football. Il suffit de sécher la vessie sur la corde à linge avant de la souffler pour qu'elle prenne la forme d'un ballon plus ou moins rond.

Selon moi le gaz du carbure qui allume notre lampe et fait exploser ma bouteille devrait bien pouvoir servir aussi à propulser une bouteille suspendue à une vessie de cochon. Je réalise plusieurs croquis compliqués de ce nouvel engin, sans réussir à concrétiser mon projet.

Nous fabriquons aussi des arcs et des flèches. À l'aide des aiguilles du tourne-disque de mon père collées avec de la cire de chandelle, je confectionne des flèches bien pointues, qui refusent de voler droit et finissent par se perdre dans les arbres. Nos humbles lance-pierres sont encore les armes les plus fiables.

Les plans et projets abondent dans la préparation de nos jeux, cependant un problème très sérieux persiste: le manque d'ennemis. Tous nos amis veulent jouer les Alliés, personne n'a envie de jouer les Allemands. En désespoir de cause, nous réussissons à organiser quelques combats entre cow-boys et Indiens avec nos arcs et nos lance-pierres.

Nous accompagnons presque chaque bataille d'un chant joyeux, exécuté en chœur: *«Deutschland Deutschland Über Alles. Deutschland, Deutschland ist Kaput!»* («L'Allemagne règne sur tout. L'Allemagne est foutue!») C'est la parodie d'un hymne patriotique que les soldats allemands entonnent avec ferveur. Il faut bien admettre que les préparatifs et les plans de nos guerres sont autrement plus intéressants et excitants que les batailles elles-mêmes.

«Papa!
j'ai volé un masque à gaz!»

Notre innocence nous sauve. Le grand désarroi de la guerre a même ses bons côtés pour nous, les enfants. C'est ainsi que nous considérons que le fait de voler quelque chose à l'ennemi représente moins un mauvais coup qu'un geste patriotique de bon aloi. Dans cette perspective, toute belle trouvaille dénichée chez les Allemands devient une tentation agréable, sans le risque des taloches ou des sermons de la part de nos pères. Voler les Allemands est un sport que nous pratiquons avec ardeur et imagination en cet été 1944.

On peut s'organiser en bande, comme lorsque nous nous lançons à toute allure sur une charrette de l'armée stationnée tranquillement sous les arbres de notre jardin. Un coup de sifflet donné au bon moment nous permet de rafler tout ce que l'on peut grappiller dans la boîte de la charrette. Le butin se réduit généralement à quelques patates ou à une poignée de clous. Mes excursions en solitaire sont toutefois plus fructueuses. Je «trouve» un canon de fusil, un étui à cartouches, une bandoulière garnie de balles neuves à pointes colorées, des grenades à main, de grandes douilles d'obus vides.

Les étranges cigarettes

Chez mon ami Léo, dont la maison est occupée par les troupes de la SS, je «trouve» sur le comptoir de la cuisine une petite boîte de bois. Elle a la grandeur d'un gros paquet de cigarettes. Je ne comprends pas les lettres et les chiffres imprimés dessus. La mystérieuse boîte s'ouvre grâce à une belle fermeture à glissière et est percée de deux rangées de trous dans lesquels sont cachées d'étranges cigarettes plutôt minces. Il s'agit de petits tubes argentés, légers mais hermétiquement fermés. La fermeture est très visible au bas du tube, mais elle demeure cachée dans le tuyau.

Bizarre... Que contiennent donc ces «cigarettes» métalliques? Je peux toujours m'en servir comme de sifflets grâce au bout en creux. Mais comment les ouvrir pour voir ce qu'elles contiennent? J'essaie vainement d'en ouvrir une avec mes dents. Rien à faire, il faut employer les grands moyens, comme, par exemple, un bon marteau. Je me rends donc à la maison, mais je n'en trouve pas.

Je demande alors à mon père:

— Papa, as-tu un marteau?

Mon père, surpris, me répond:

— Pourquoi veux-tu un marteau?

Je n'ai pas très envie de lui montrer ma trouvaille.

— Oh, pour rien, j'ai besoin d'un marteau pour ouvrir quelque chose.

— Je regrette, mon garçon, tu n'auras pas le marteau si tu ne me dis pas pourquoi.

Je n'ai pas le choix, je fouille dans ma poche et sors l'étrange boîte de bois. Mon père examine avec prudence les inscriptions et me regarde, horrifié.

— Sais-tu à quoi servent ces tubes?

— Non, pas vraiment!

— Fiston, ce sont des détonateurs. Un coup de marteau suffit pour qu'ils explosent et tu peux perdre tes mains, tes yeux ou même ta vie. Rapporte-les immédiatement. Ne touche plus jamais à des choses que tu ne connais pas. Je n'ose pas penser à ce qui aurait pu t'arriver.

Moi non plus, je n'osais presque plus toucher à ma boîte de «cigarettes». Je la reposai donc avec précaution sur le comptoir de cuisine chez Leo et j'oubliai l'incident.

Au mois de mai 1985, à Philadelphie dans une salle obscure, je visionne un documentaire au cours d'un congrès. Un jeune réalisateur français présente un reportage surprenant qu'il a fait en collaboration avec un Tchèque aveugle, son ami. Ce dernier, qui a perdu la vue durant sa jeunesse, voulait photographier son village natal où il avait passé la guerre sous l'occupation allemande. Arrivé sur place, il explique au réalisateur les maisons, les chemins et les lieux qu'il veut visiter et «voir» avec sa caméra. Le réalisateur lui décrit les lieux, et l'aveugle place son appareil photo pour saisir les souvenirs de son enfance. Ces photos sont insérées dans le reportage du voyage et présentent les images choisies par l'aveugle. Le documentaire est très beau et émouvant.

Parmi les photos que l'aveugle a prises, il y a le cliché d'une grosse roche qu'il commente ainsi:

— Cette roche, je ne l'oublierai jamais, car c'est là que j'ai perdu la vue. Étant enfant, j'avais trouvé une petite boîte de bois appartenant aux Allemands. La boîte contenait des tubes métalliques. Je voulais à tout prix savoir ce qu'il y avait dedans. J'ai donc mis la boîte sur le rocher et je l'ai écrasée avec une grosse pierre. Tout a explosé et c'est ainsi que j'ai perdu mes yeux.

Caché dans la salle obscure, je suis bouleversé. J'ai de la peine à croire ce que je vois et entends. Ma petite boîte à moi venait d'exploser.

Cet homme, alors âgé d'une dizaine d'années, a malheureusement réussi le coup que mon père m'avait empêché de faire. Dans ce Tchèque aux yeux éteints, je me revois face à mon père. Quelque part en Tchécoslovaquie, à peu près au même moment, un petit gars, qui avait «trouvé» un étrange paquet de cigarettes, est allé jusqu'au bout de mon aventure.

Le masque magique

De tout l'équipement militaire, ce qui me séduit le plus est le masque à gaz que les soldats allemands portent à l'occasion en bandoulière, dans un long cylindre gris. Objet mystérieux, quasi magique, ce masque aux grands yeux noirs et vides donne à celui qui le porte une allure de robot lugubre, de monstre redoutable. Mais il le protège également contre la mort causée par les gaz invisibles.

Comment me procurer ce précieux trésor sans me faire prendre par les Allemands? Puisque les soldats mangent généralement à l'intérieur, je profite du moment de leur repas, évidemment sans que mes parents soient au courant, pour évaluer mes chances d'en «trouver» un.

Par la suite, une occasion inouïe me sourit un bel après-midi. Un soldat a oublié son masque à gaz par terre, près de la porte du garage. En regardant furtivement autour de moi, je m'empare du cylindre gris. Je cherche ensuite un endroit sûr pour le cacher. Ah! voilà la niche! L'endroit a l'air on ne peut plus inoffensif et il y fait sombre. Je pousse le cylindre au fond de la niche et je cours à la cuisine où notre petite famille est attablée.

Essoufflé, mais fier de moi, je chuchote avec un grand sourire:

—Papa, j'ai volé un masque à gaz et je l'ai caché dans la niche.

Mon père ne semble pas partager ma fierté. Le visage blême, les yeux exorbités et inquiets, il me prend par l'oreille.

—Petit imbécile! Comment as-tu osé faire ça? Si les Allemands découvrent qu'on a volé un élément important de leur équipement, ils vont me planter contre le mur du garage et me fusiller. Voler de l'équipement, c'est du sabotage. C'est incroyablement stupide ce que tu as fait là.

Il me pousse dans le dos:

—Va rapporter immédiatement ce damné masque!

Personne n'a l'air de venir à mon secours et encore moins de vouloir me féliciter. Je me faufile, l'air penaud, récupère le cylindre gris et le dépose vite par terre, près du garage.

Quelle histoire! Je ne réalisais pas que voler quelque chose aux Allemands tenait autant de l'acte patriotique que de la plus stupide action, les répercussions pouvant mettre en danger la vie de mes parents.

Inutile de dire qu'à mon retour à la cuisine l'accueil ne fut pas des plus agréables. J'écartai désormais le rêve du masque prétendument magique, qui a pris, depuis, l'allure obsédante d'un cauchemar.

Le casque allemand

Après cet incident, quelques semaines s'écoulent sans événement marquant. Mais, malgré tout, je nourris encore l'espoir de me procurer une pièce d'équipement militaire. Mon désir se porte cette fois-ci sur un casque, avec lequel, me semble-t-il, j'aurai l'allure d'un chevalier invincible. Je deviendrai, ainsi paré, le chef de ma bande d'amis, et il constituera une protection contre les cailloux et autres projectiles.

Ces casques couvrent bien le visage, du front jusqu'au nez, et en arrière dans le cou. Évidemment, j'ai bien appris ma leçon: pas question de voler quoi que ce soit aux Allemands. Pas de sabotage. Je n'élabore donc aucune stratégie, jusqu'au jour où nos hôtes indésirables commencent à manifester les premiers signes de nervosité et d'agitation, qui laissent supposer que le jour de leurs adieux tant désirés est proche.

Nous savons depuis quelque temps, surtout depuis une visite rapide, la nuit, d'une patrouille alliée près du village, que le front militaire bouge et que les Allemands quitteront bientôt la maison. La perspective du déménagement me donne une idée de génie. Je me dis: «Les Allemands sont énervés et désorganisés, ils préparent leurs affaires dans la hâte. Pourquoi ne pas profiter d'un moment d'inattention pour "cacher", et non pas "voler", un beau casque? Mais à quel moment faire cela et où "cacher" le précieux objet?»

Évidemment, le jour où tout le monde sortira pour observer les bombardiers en route vers l'Allemagne sera le moment rêvé. Il faut attendre le plus longtemps possible, jusqu'à l'heure ultime du départ, de sorte que les soldats ne «retrouvent» pas leur casque.

La bonne fortune me sourit enfin à la mi-septembre. Des soldats commencent à partir par petits groupes, signe avant-coureur du grand départ.

Un beau matin, nous percevons le tremblement familier provoqué par les bombardiers en route vers l'Allemagne. Les soldats courent à l'extérieur pour observer la direction que prennent les avions ennemis. Je me décide, c'est le moment ou jamais! Je me glisse dans le salon, j'aperçois un casque posé sur le divan, je le saisis et le pousse le plus loin possible sous le divan.

Je me sauve aussi vite que l'éclair et je m'assois dehors, prenant un air innocent pour regarder les bombardiers dans le ciel. Le casque est bien «caché» et non pas volé. Il ne me reste plus qu'à souhaiter qu'ils ne le trouveront pas. Je n'ai pas envie d'en parler à mon père pour l'instant. Je réglerai ce détail plus tard avec lui.

Tout se passe comme prévu. Très peu de temps après, le général nous fait ses adieux et part avec le reste de la troupe, chargée des équipements radio, de paniers de vivres, de fusils, de bandoulières de cartouches et de masques à gaz.

Ouf! Les soldats sont à peine partis que je cours au salon, tête dans l'obscurité sous le divan. Hourra! Le casque est toujours là! Les soldats l'ont «oublié». Il est donc à moi. Quelle joie!

J'attends encore une journée avant de mettre mon père au courant.

— Papa, les Allemands ont oublié un casque dans le salon. Je peux le garder pour moi?

Il me regarde, incrédule, avec un sourire moqueur.

— O.K., mais fais attention!

Je me sens puissant comme un chef, invincible. Le casque posé sur la tête, j'ai l'air d'un chevalier trop petit sous son couvre-chef. Il flotte sur ma tête et je dois le tenir d'une main quand je cours. Mais peu importe, c'est un fameux trésor qui me permet déjà d'oublier la mésaventure de mon fameux masque magique. Mes amis m'envient et jurent de trouver des objets au moins aussi précieux.

Kaput! Ganz kaput!

Tous les matins, vers 10 heures, la maison se met à trembler. Les avions alliés arrivent par rangs serrés pour bombarder l'Allemagne. Le passage de ces gros avions, environnés, comme des mouches, de chasseurs qui les défendent contre les attaques allemandes, est un spectacle impressionnant. Ces heures matinales sont pour nous pleines d'excitation et de fierté patriotique. Car enfin, ces bombardiers s'envolent vers l'Allemagne pour détruire les armées allemandes. Ils travaillent à notre libération.

Les soldats allemands sortent, eux aussi, et s'ils semblent plus nerveux que d'habitude, ce n'est pas pour les mêmes raisons que nous. Ils scrutent le même ciel et les mêmes avions, mais ils veulent surtout vérifier où se dirige cette nuée de guêpes mortelles. Où tomberont ces bombes aujourd'hui? Peut-être sur leurs villes?

Par cette matinée de juillet, dès les premiers tremblements provoqués par une de ces nuées, nous courons à l'extérieur. Mon ami Léo et moi nous installons sur la terrasse, les yeux tournés vers le ciel. Nous comptons les avions et surveillons si tous passeront intacts au-dessus de nos têtes en dépit des petits nuages noirs des obus anti-aériens lancés furieusement par les Allemands. Nous avons déjà vu tomber des avions en flammes précédés des parachutes blancs de l'équipage.

Léo et moi essayons vainement de compter tous ces avions, gros et petits, qui remplissent le ciel. Il y en a partout. Les gros avancent lentement en grondant puissamment et en dessinant des traînées blanches. Les petits circulent vite et gracieusement autour d'eux. Pas très loin de nous, un soldat allemand nous observe en silence.

Après quelques minutes, il nous crie des mots que nous ne comprenons

pas et nous fait signe de venir auprès
de lui. Je regarde Léo, sans trop savoir
que faire. Le soldat crie de nouveau et
fait des signes plus insistants. Mé-
fiants, nous nous approchons néanmoins de lui.

Il nous scrute attentivement. Ses
yeux sont à la fois inquiets et tristes.
Il glisse la main dans la poche de son
blouson et en sort un portefeuille usé.
Il l'ouvre et déplie devant nos yeux
curieux une photo toute racornie. Il

nous la montre de sa main gauche. C'est une famille, assez semblable aux nôtres, un papa, une maman, des filles et des garçons. Il fait un geste brusque de sa main droite, un peu comme une main qui tranche avec un couteau et il crie en désignant sa famille: «*Kaput! Kaput!*». C'est un des rares mots d'allemand que nous connaissons bien, car nous l'utilisons souvent pour décrire les ravages faits par les avions alliés en Allemagne. *Kaput* signifie «mort» ou «fini», «disparu.» Nous chantons aussi ce mot dans *Deutschland, Deutschland Über Alles. Deutschland, Deutschland ist kaput!* (L'Allemagne, l'Allemagne triomphe partout! L'Allemagne, l'Allemagne est foutue!)

Nous le regardons, perplexes. Que veut-il dire au juste? *Kaput,* qui ou quoi? Il nous met encore une fois la photo de sa famille sous les yeux et d'un ton exaspéré et triste, il insiste:

—*Kaput! Ganz kaput!*

Là, nous comprenons enfin. C'est sa famille. Ils sont sans doute morts sous les bombes. Nous sommes catastrophés. Léo et moi nous sauvons à toutes jambes. Ce soldat est un père? Il a des enfants tels que nous?

Pour nous, tous ces soldats étaient jusque-là des machines de guerre, tout comme la voiture du général ou les chars d'assaut allemands qui circulent sur nos routes. Depuis ce matin, les soldats allemands ont pris subitement deux visages, celui d'un soldat que nous haïssons mais aussi celui d'un papa comme le nôtre.

Au cours des matinées suivantes, alors que la maison tremble de nouveau du vrombissement des bombardiers alliés, le spectacle aérien n'est plus tout à fait aussi captivant. Bien sûr ces avions amis détruisent un ennemi sans visage, mais ils peuvent aussi semer la mort et la tristesse dans des maisons où habitent des mamans, des frères et des sœurs comme les nôtres.

La guerre n'est plus un grand jeu, mais une chose terrible. Le regard du soldat papa reste à jamais gravé dans ma mémoire et le souvenir de ce matin d'été m'a rendu pour toujours sombre devant les jeux de la guerre quelque soit l'endroit où ils se jouent.

La mort fait son entrée
à petits pas

Ce n'est qu'après plusieurs années
de guerre que j'ai découvert le visage
de la mort. La destruction et la mort
qui frappent, loin de nous, l'Allemagne
et quelques villes hollandaises, explosent avec des images de bombes et de
décombres sur des affiches collées aux
murs par les Allemands. Elles nous
crient: *«Hamburg, Dresden, Arnhem.
Van uw vrienden moet U het hebben!»*
(«Regardez les villes de Hambourg,
Dresde, Arnhem. Dites merci à vos
amis!») Tout cela est terrible mais
paraît cependant lointain.

Aux dernières heures de la guerre,
avec les signes évidents de l'avance
alliée, je découvre en même temps le
visage de la mort tout près de moi. La

mort nous fait signe pour la première fois au moment où la victoire finale semble nous sourire.

Les croix au cimetière

Par une belle journée de septembre 1944, nous entendons un vrombissement d'avions tellement assourdissant qu'en comparaison, les survols quotidiens des bombardiers alliés ressemblent à un simple bourdonnement. Cet après-midi-là, les avions se succèdent en volant très bas.

Nous ne voyons pas les bombardiers familiers mais de gros avions qui tirent des planeurs carrés, sans moteurs. Ces oiseaux de guerre frôlent les cimes des arbres. Nous pouvons même voir les pilotes et saluer les équipages. C'est absolument incroyable et terriblement excitant.

Les canons de la défense anti-aérienne allemande jappent sans arrêt, mais le cortège poursuit sa course vers une destination inconnue. Nous sommes convaincus qu'ils viennent nous libérer aujourd'hui même. Après des centaines d'avions et plusieurs heures de tintamarre et de hourras, le calme revient. Mais nous sommes inquiets et, surtout, déçus car il n'y a pas le moindre soldat américain ou canadien dans les rues.

Les Allemands sont nerveux mais règnent toujours en maîtres. Des voisins affirment que l'un des planeurs a été descendu et s'est écrasé non loin du village. Des soldats américains auraient été tués dans l'accident. Nous sommes atterrés.

Le lendemain, très tôt, je vais à l'église Sint-Peters-Banden, où je suis enfant de chœur. Sur le perron de l'église, j'aperçois des traces de sang. Les portes en fer forgé du cimetière sont ouvertes. Des soldats allemands s'affairent avec des brouettes sur lesquelles ils ont déposé de longs sacs de papier brun tachés de sang. Je comprend qu'il s'agit de cadavres qu'ils ont mis dans ces sacs pour les enterrer.

Les soldats ont creusé une rangée de tombes près de la porte du cimetière et jettent les sacs dedans. Qu'est-il donc arrivé? Qui sont donc ces morts? Est-ce que ce sont des Allemands ou bien les Alliés morts hier dans l'écrasement du planeur? Aucune réponse pour le moment. Je dois d'abord servir la messe, mais, dès la fin de la cérémonie, je me précipite au cimetière.

Les Allemands sont partis, la porte est encore ouverte et une foule de curieux se presse près des tombes fraîchement creusées. Je m'approche et, à mon grand étonnement, je vois cinq croix de bois avec des casques militaires de couleur kaki accrochés dessus. La plupart des casques sont endommagés ou écrasés. Ce ne sont pas des casques allemands. Quel spectacle désolant!

Ces morts sont peut-être ceux à qui nous avons fait des signes hier. Ils sont maintenant enterrés dans notre cimetière, à côté d'une rangée de tombes allemandes avec des croix de bois semblables, mais sans casques. Je regarde tout cela, le cœur serré. La

mort, je ne l'ai pas encore vraiment
vue, mais j'ai bien trouvé sa triste
trace.

Le vieux Nilleke

La deuxième visite de la mort se
produit plus près de nous. Nilleke, un
bon vieux monsieur, qui habite une
minuscule maison à l'entrée du village, vient régulièrement travailler
dans notre jardin. Le dos très courbé,
les doigts abîmés et noueux, il se
déplace très lentement en traînant ses
savates et parle en marmonnant.

Ce vieux Nilleke a cependant des mains de magicien. Il arrange admirablement les plates-bandes, le potager, et coupe nos haies avec art. Ce vieil astucieux a aussi réussi à remplacer les pneus crevés de nos bicyclettes par des bouts de tuyau d'arrosage. Ce système nous donne un peu mal au derrière et produit un bruit de ferraille, mais, ainsi, aucun Allemand n'a la tentation de nous enlever nos bicyclettes.

Cependant, la plus grande qualité de Nilleke réside dans son immense savoir. Il sait tout, peut tout expliquer. Il connaît les secrets de la politique et même ceux de la stratégie des Allemands! En l'écoutant parler avec deux messieurs de son âge sur un banc du village, j'apprends que Nilleke n'a pas peur des bombes.

— Quand tu entends le sifflement de la bombe, c'est simple, tu te couches à plat ventre. La bombe tombe et en explosant, ses éclats volent toujours vers le ciel. Reste bien tranquille, et tu en sortiras sain et sauf!

Sacré Nilleke, il sait vraiment tout!

Hélas! les bombes n'ont pas épargné ce merveilleux vieillard habile et savant. Durant une attaque alliée sur une position allemande près du village, Nilleke rôdait dans les parages. C'était l'occasion d'appliquer sa théorie. Il s'est couché à plat ventre, mais la bombe lui est tombé dessus. C'est avec une grande consternation et bien des larmes que nous apprenons la triste nouvelle de la mort de notre vieux Nilleke. Sa science ne l'a pas sauvé.

Mon professeur de piano

Un autre homme, qui me semble aussi vieux que Nilleke, vient au moins une fois par semaine à la maison. C'est mon redoutable professeur de piano. Ce damné piano!

En tant que fils de bonne famille, ma mère veut que j'apprenne le piano. *Do ré mi fa sol la si do! Do si la sol fa mi ré do.* Pour mon malheur, le piano se trouve près de la grande porte vitrée donnant sur le jardin. Pendant que mon prof me sermonne et que ma mère m'écoute de loin, mes amis viennent me narguer par la porte.

—Viens-tu dehors? On t'attend. Allons, viens!

Quelle corvée! Je déteste souverainement le piano, autant que mon professeur, bien sûr. Ma mère ne joue pas du piano, et mon père non plus. Si ce vieux casse-pieds de prof n'était pas là, je pourrais aller jour dehors avec mes amis, au lieu de faire des gammes.

Cependant, je ne souhaitais aucun mal à mon prof de piano, mais pour son malheur, sa maison sur la Kerkstraat, près de l'église paroissiale, fut détruite par une bombe qui visait sans doute une cible plus stratégique. Mon pauvre professeur se trouvait chez lui au moment fatal et il partit probablement jouer du piano au ciel. Bizarrement, la nouvelle de sa mort me trouble plus que celle de Nilleke, car je me sentait coupable d'une mort que je n'avais certes pas souhaitée, mais qui me permettait maintenant de courir dehors au lieu de décliner des gammes.

Sur les traces des Alliés

La Hollande est un pays maritime où les paysages du matin sont souvent emmitouflés dans une brume épaisse. Lentement, les arbres familiers de notre jardin, d'abord invisibles, deviennent dès les premières heures du matin, des ombres floues, puis des silhouettes grises et enfin des arbres couverts de feuilles. Ce phénomème est comparable à celui de l'arrivée des Alliés.

Des signes venus du ciel

Les Alliés, qui doivent un jour nous libérer des Allemands, ont longtemps été invisibles à nos yeux. À l'occasion nous apercevons bien leurs avions qui sillonnent le ciel, soit en vol vers l'Allemagne, soit en plongeon rapide pour attaquer une voiture de l'armée allemande sur les routes qui mènent au village. Parfois, un de ces avions alliés, touché par la défense aérienne, lâche son pilote qui se balance au bout de son parachute blanc vers la terre ferme. Ce n'est rien qu'une petite figure lointaine et fragile. Quand verrons-nous enfin un de ces fameux Alliés? Un Américain, un Canadien ou un Britannique?

Je cherche les traces de nos futurs libérateurs. Tout ce que je trouve dans les champs, ce sont des rubans de papier argenté que les pilotes ont lâchés, Dieu seul sait pour quelle raison ou avec quel message secret. Avec mes amis, je récupère à l'occasion des grosses douilles de mitrailleuse d'avion.

Un jour, nous découvrons même la carcasse dépouillée d'un Spitfire anglais. Les Allemands sont passés avant nous et ont enlevé le moteur, la radio et les documents. Mais nous pouvons encore manipuler quelques manettes et actionner les ailerons. Comme mon petit chien Pollie, je renifle l'épave pillée pour essayer de détecter au moins l'odeur secrète du pilote qui l'a habitée. Nous sommes toujours à la recherche de l'ami fort qui viendra nous sauver. En attendant nous devons nous contenter de ses traces.

La cachette au fond du jardin

Le voisin, qui connaît mon impatience de rencontrer un soldat ami, me conduit, par une journée tranquille, vers le fond de son jardin où se trouve un grand fossé. Ce fossé profond sert d'abri antiaérien à nos deux familles. Il me tire vers le flanc du fossé, couvert de verdure, enfonce sa main dans l'herbe, tourne une poignée invisible et, à ma grande stupéfaction, découvre un abri secret.

La chambre contient une petite chaise et une table.

— C'est ici que nous cachons les aviateurs alliés qui ont sauté en parachute, me chuchote-t-il.

— Mais que font-ils alors dans cette cachette?

—Ils attendent que les gens de la Résistance viennent les chercher la nuit, quand les Allemands jouent aux cartes dans ta maison, pour les amener en Belgique et plus tard en Angleterre. Ne parle jamais de ce secret, car la vie de nos amis les Alliés et des gens de la Résistance en dépend.

Bouche bée devant un tel secret, et très flatté de la confiance que me témoigne le voisin, je promets de me taire. Ainsi, voilà donc une cachette où les Alliés viennent quelquefois. Je les sens plus proches que jamais.

Quelques semaines plus tard, j'ai vraiment l'occasion de les entrevoir quand leurs avions passent très bas au-dessus de nos têtes. Je visite alors les tombes fraîchement creusées de quelques aviateurs au cimetière du village. Toujours des traces, mais jamais de visages bien vivants parmi nous. Il nous faut attendre le jour de la Libération, en octobre 1944, pour accueillir enfin «nos Alliés»: des Canadiens, quelques Britanniques et une poignée de Polonais.

Les voilà enfin arrivés!

À la fin du mois de septembre, nous commençons à détecter des signes sérieux de nervosité et d'abattement parmi les soldats allemands. Le grondement lointain de l'artillerie alliée en provenance de la frontière belge se fait entendre de plus en plus souvent.

Une nuit, des soldats ont installé une longue file de fusées V1 dans des trous, la tête en bas, sous les arbres qui longent la route. Reliées par des fils électriques, ces fusées, aux dires des soldats, sauteront si les Alliés arrivent. La route devant la maison voit passer des foules de soldats pressés. Certains s'entassent dans des camions, d'autres se sauvent à bicyclette. Plusieurs traînent à pied en poussant des voitures d'enfant remplies de toutes sortes d'affaires. La fin est proche, nous le savons. La Libération est à nos portes. Mais pour quand exactement?

Un beau matin, les canons sonnent l'approche des troupes alliées et nous sommes tous autour de la table de la cuisine pour le petit déjeuner. On frappe. La porte s'ouvre. C'est le général, le regard préoccupé. Il lève la main pour faire le salut nazi et nous dit:

—*Auf Wiedersehen!*

Nous restons de glace, mais ma mère a l'incroyable audace de répondre:

—J'espère que non.

Autant lui dire: «Va-t'en!»

Après quelques secondes d'un silence aussi lourd qu'un char d'assaut, le général nous dit avec un sourire un peu triste en désignant du doigt la direction d'où vient le tonnerre des coups de canon:

—Vos amis arrivent!

Puis il part, suivi de son soldat cuisinier qui nous fait un sourire complice.

Quelques heures plus tard, la maison est libérée de ses soldats. Nous entreprenons un ménage vigoureux et enthousiaste comme si nous vidions une étable de tout son fumier. Des journées passent, au cours desquelles nous voyons d'autres soldats en fuite sur la route devant la maison, d'autres camions bondés, d'autres bicyclettes, d'autres voitures d'enfant chargées de butin. Ensuite, les Allemands font sauter le pont qui nous relie au village. Puis, c'est le silence avant la tempête.

Deux jours après le dynamitage du pont, à l'heure du dîner, alors que nous sommes réunis autour de la table devant les portes vitrées qui donnent sur la terrasse et sur la route, nous apprêtant à dire les prières d'usage avant le repas, une chenillette blindée, marquée d'une étoile blanche, passe bruyamment dans la rue.

Ma mère s'écrie:

— Regarde les Allemands, quels imbéciles! Avant-hier, ils font sauter le pont, et maintenant ils ne peuvent plus entrer au village.

Mon père, en bon catholique, nous semonce:

— Fermons les yeux et prions.

— Non! crie encore ma mère. Ce ne sont pas les Allemands, ce sont les

Anglais! Ils viennent nous libérer! Vite, tout le monde dehors!

Nous nous levons précipitamment et courons comme des fous pour aller saluer les soldats alliés —, qui sont en réalité des Canadiens et des Britanniques. Ils nous font vivement signe de rentrer dans la maison pour notre propre sécurité.

Les heures qui suivent sont un mélange à la fois excitant et terrible de joie et de terreur. Après le long silence provoqué par le départ des Allemands, nos chers Alliés envahissent subitement notre petit monde avec le fracas de leurs chenillettes, leurs motos pétaradantes, leurs interminables colonnes de camions, leurs chars d'assaut et leurs mitrailleuses.

Je ne tiens plus en place, au grand désespoir de mes parents. Il y a tant de choses à voir, et puis ce sont nos amis les Alliés. Les soldats essayent de nous envoyer nous cacher dans la cave pour nous protéger contre les balles qui sifflent autour de nous et contre les obus qui tombent. Mais ma sœur

Charlotte et moi nous échappons et allons nous asseoir bien sagement au fond du jardin, près d'un soldat canadien qui, tapi dans un trou, tire furieusement avec sa mitrailleuse. Quand il nous aperçoit, il se met à nous engueuler sévèrement. Nous comprenons vite qu'il nous donne l'ordre de retourner à la cave.

Après de longues minutes remplies d'excitation pour nous et d'inquiétude pour nos parents, nous entendons un grondement formidable tout près, devant la maison. Notre curiosité est plus forte que les cris de notre mère, et rien ni personne ne peut nous retenir de sortir encore une fois.

Nous sommes ébahis en nous retrouvant face au monstre vert qu'est un char d'assaut canadien et qui contourne un camion en panne sur la route devant la maison. En passant à travers notre jardin, il écrase la belle haie que notre vieux Nilleke savait si bien tailler, arrache des arbustes et des petits arbres, et laboure dangereusement notre gazon.

Mais nous dansons devant ces dégâts comme des gens qui seraient autour d'un feu de joie. Le bruit assourdissant des moteurs et la délicieuse odeur de diesel nous enveloppent. Notre beau jardin est dévasté, tout est bleui par la fumée mais nous sautons et applaudissons. Ce gros monstre est méchant pour les Allemands; à nous, il apporte la délivrance. L'odeur de diesel me rappellera toujours ce spectacle bruyant et, paradoxalement, le doux parfum de la paix.

Il est curieux de constater à quel point une expérience pareille peut nous suivre toute une vie. Trente ans après les ravages provoqués par ce fameux char d'assaut dans notre jardin, je participe à un grand congrès d'experts en télévision à Charleston, en Caroline du Nord.

Le dernier soir du congrès, nous sommes tous invités à une soirée d'adieu, avec concert et souper, sur le pont d'un immense porte-avions américain. Je suis enchanté de visiter ce monstre d'acier qui a participé à la guerre du Pacifique en 1940-1945. Mais, à mon grand étonnement, plusieurs de mes collègues sont scandalisés qu'on nous invite sur un engin de guerre pour fêter l'événement.

Ils acceptent de participer au banquet mais ne veulent pas entendre parler de la visite du porte-avions, que j'effectue en compagnie de quelques braves. Pour moi, la peau d'acier du bateau, l'odeur de diesel et les grands canons ne sont pas associés à la mort et à la destruction, ils évoquent plutôt la Libération et les fêtes de la fin de la guerre. Mes confrères avaient probablement leurs raisons, mais j'avais les miennes moi aussi.

Revenons aux événements de la libération de mon village. Le soir de la première journée de liberté, nous nous retrouvons, éclairés à la lampe à huile, autour de notre table de cuisine avec «nos Alliés». Ils sont sales, crevés, souriants, plutôt décontractés. Je ne comprends rien à ce que ces Canadiens disent à mes parents, mais je guette chaque clin d'œil, chaque sourire qu'ils nous adressent.

Mon père me traduit qu'un des Canadiens, celui qui porte un poignard, s'est battu au corps à corps avec un Allemand. La lame de son poignard y est restée. Je n'ose pas vraiment le croire, mais ce n'est pas très important. Il est de toute façon un héros, comme tous les autres qui courent et tirent autour de la maison.

Ces Canadiens ne sont pas habillés comme les Allemands. Leurs casques trop plats n'ont rien d'extraordinaire, mais leurs bérets leur donnent un petit air décontracté. Une odeur particulière émane de leurs uniformes verts en laine rude. Je ne distingue pas bien les officiers d'entre les soldats. Chez les Allemands, les officiers ont des uniformes plus impressionnants que les simples soldats, mais ils ne sont pas aussi amicaux entre eux que ces Canadiens. Je le remarque d'ailleurs en examinant un paquet de cigarettes canadiennes.

Je ne fume pas, et mon père non

plus, mais je vois que certains paquets de cigarettes des Canadiens sont particuliers. Ils contiennent deux paquets distincts enveloppés de papier argenté. Un paquet d'une vingtaine de cigarettes et un deuxième, tout petit, de cinq cigarettes. Sur le paquet, on peut lire ceci: *«Twenty for you and five for your friend.»* «Vingt pour toi et cinq pour ton ami», traduit mon père. Quelle différence!

Les jours suivants, les Canadiens nous apportent à l'occasion de gros beaux pains blancs, du beurre d'arachides et du chocolat dont nous avions depuis longtemps oublié jusqu'au goût. Tout ce que nous pouvons leur donner, ce sont des œufs de nos poules.

Mais nous disposons aussi d'un bien précieux que les Canadiens convoitent: une baignoire et de l'eau chaude. Bien sûr, nous leur proposons de venir prendre leur bain chez nous. Il y a toutefois un problème. Nous n'avons plus d'électricité depuis quelques mois et notre eau monte d'un puits qui se trouve sous la maison, grâce à une pompe électrique. Pour avoir de l'eau, il faut donc descendre dans la cave et pomper longtemps à la force des bras.

Pendant que les soldats attendent patiemment leur tour, certains manient la pompe à bras dans la cave, pendant que d'autres chauffent la fournaise au charbon.

Le soir venu, nous inspectons la salle de bains. Quelle surprise! À notre grande joie, nous découvrons une montagne de boîtes de conserves délicieuses, du *corned beef,* du ragoût mais aussi du chocolat et du savon. Les baigneurs reconnaissants ont laissé ces victuailles sous la fenêtre de la salle de bains. Chaque visite au bain est désormais accompagnée de ces cadeaux exquis et vivement appréciés.

Je trouve les Canadiens diablement ingénieux. En allant les visiter dans une maison vide, près de chez nous, je découvre qu'ils ont fabriqué, à l'aide d'un baril d'huile, une fournaise ronde qu'ils chauffent à blanc, qu'ils alimentent par un petit tuyau qui amène de l'huile pendant qu'un autre y verse des gouttes d'eau. La fournaise rugit et chauffe toute la maison. Sur cette merveilleuse invention, ils ont installé une longue cheminée faite de bidons carrés d'essence emboîtés les uns sur les autres.

Pendant ce temps, nous leur jouons des tours pendables. Nous leur apprenons, d'un air innocent, des expressions de la vie courante en hollandais. Les prétendus «Bonjour», «Comment allez-vous», «Au revoir», «Je t'aime» sont remplacés par nos «traductions» hollandaises à faire frémir d'horreur d'honnêtes citoyens. Nos bons Alliés arrivent ainsi chez nous en nous saluant joyeusement par autant de «Allez vous faire foutre», «Allez péter dans les fleurs» et autres salutations de même acabit.

En 1954 c'est à notre tour

Hormis les bouleversements qui accompagnent cette période de la Libération, la présence des Canadiens parmi nous est familière, rassurante, faite de bonne entente et surtout de liberté.

Les Canadiens auront marqué à jamais la vie de notre famille. Quand, quelques années plus tard, mon père songera à émigrer, il nous demandera où nous aimerions nous établir nous laissant le choix entre l'Australie, l'Afrique du Sud ou l'Argentine. Nous répondrons tous, comme des milliers d'autres Hollandais l'ont fait: «Au Canada! Les Canadiens nous ont libérés!» En 1954, nous partirons tous en bateau pour le Canada.

Mon général est humilié

Peu de mots possèdent autant de pouvoir évocateur pour nous, les enfants, que celui de «libération». Il signifie délivrance et fête mais aussi peine et inquiétude.

Mon général

Après la première nuit de liberté passée sans dormir dans la cave de la maison, je m'aventure dès le matin sur le perron chez mon ami Léo. Une scène mystérieuse m'y attire irrésistiblement. Un soldat canadien est assis là avec son équipement radio portatif. Il porte des écouteurs et parle dans un microphone. À qui parle-t-il donc? Que peut-il bien entendre dans ses écouteurs?

Je m'approche, examinant respectueusement mais avec une vive curiosité son attirail. J'entends un peu le grésillement de ses écouteurs. Ce bon soldat a vite compris que j'aimerais connaître la voix mystérieuse de sa radio. Il m'installe ses écouteurs sur les oreilles et me prête son micro.

—*Mike one-six. Over!,* me dit-il en désignant le micro.

Je finis par comprendre que je dois répéter ces mots, incompréhensibles et destinés à un mystérieux inconnu. Je répète donc fièrement quatre mots que je ne comprendrai que quinze ans plus tard.

—*Mike one-six. Over!* (Micro 1.6. À vous!)

Pendant que je m'amuse bien sérieusement avec ce jouet magnifique, arrive par la porte du jardin une chenillette blindée avec sa fière étoile, du même type que celle que j'avais vue la veille pendant le dîner.

Cette fois, le véhicule transporte non pas des Canadiens, mais des Allemands prisonniers. Mon cœur de patriote se met à battre. Bravo! Les

Canadiens ont capturé des Allemands. Les Allemands sont battus. Enfin!

J'observe attentivement les soldats qui sautent l'un après l'autre en bas de la chenillette. Ils ont les bras en l'air en signe de reddition. L'un d'entre eux a la tête entourée d'un bandage. Il est mal rasé et a l'air épuisé. Il se dirige lentement vers la maison. Non! Ce n'est pas vrai... C'est le général Schliemann, à pied maintenant, tout seul, et sans sa belle auto grise.

Cet homme si fier, que je me dois de détester, mais que j'admirais secrètement, est désormais un homme battu, un clochard. En quelques jours, le géant s'est transformé en un être impuissant, humilié.

Cette vision me cause un choc terrible et me ramène au sentiment que j'ai eu devant la photo de famille du soldat, le matin des bombardiers. Bien sûr, ce général est un ennemi, mais il a été pendant une saison un homme fier et plein de dignité. Ce n'est pas juste! Plus tard, pendant de longues années, j'ai tenté de retrouver «mon général» pour lui confier ma peine d'enfant et lui parler de mon dégoût de la guerre.

La mort en face

Durant ces journées de la fin du mois de septembre, j'ai regardé la mort en face. À la demande des soldats canadiens, notre belle et grande maison, occupée par les Allemands pendant quatre mois, est maintenant transformée en hôpital de campagne canadien. Le salon est devenu une salle d'hôpital et notre chambre de jeux, une salle d'opération. Il y a un va-et-vient continuel d'ambulances militaires et de jeeps porteuses de civières autour de la maison.

Plein de curiosité, je veux voir des soldats blessés que l'on emmène au salon par les grandes portes vitrées. Je me poste sur le perron dans l'espoir un peu morbide d'apercevoir un blessé. Une Jeep arrive en trombe. Deux brancardiers canadiens prennent la civière et se hâtent vers les grandes portes. Je réussis à voir quelque chose d'épouvantable. Le visage du blessé semble avoir disparu. À sa place j'aperçois une masse rouge de chair vive. Je crois entendre un gémissement déchirant. Désormais, ce visage sera pour moi celui de la mort.

Dans le jardin, au milieu du gazon, gît un casque plat canadien. Il est à l'envers. Je veux le ramasser, mais je le laisse retomber, horrifié. Il est rempli de cervelle.

Derrière la maison, à la place où stationnait une semaine auparavant la voiture du général se trouve maintenant une Jeep. Une balle a percé son pare-brise exactement à la place du chauffeur. La vitre est fracassée et tachée de sang. Je n'ose demander ce qui est arrivé au chauffeur. Pourquoi la Libération est-elle accompagnée par la mort?

Parmi l'équipe de soldats canadiens qui logent maintenant dans notre maison et que nous essayons d'aider à notre façon se trouve un homme, grand et mince, aux yeux doux. C'est un médecin, et il a quelque chose de spécial: il parle français et vient de Montréal, au Canada. Ma mère, qui est née à Bruxelles et dont la langue maternelle est le français, est enchantée de parler sa langue avec ce beau médecin. Même s'il est très occupé, il vient bavarder avec nous de temps en temps, entre ses visites auprès des blessés et il s'occupe même de nos bobos d'enfants.

Un jour, on l'appelle en hâte pour soigner un soldat blessé qui gît sur la route à environ un kilomètre de la maison. Pendant qu'il se penche sur le blessé, le médecin est lui-même mortellement frappé par une balle. La mort soudaine de ce soldat ami nous accable comme s'il s'agissait d'un membre de notre famille.

Comme on peut le constater, la paix ne s'est pas installée aussitôt après l'arrivée des Alliés. Le danger des obus allemands nous guette, le risque d'explosion du dépôt allemand de munitions, logé dans le bois de l'autre côté de la rue, est toujours présent.

Une pareille déflagration soufflerait notre maison. Un officier canadien conseille donc vivement à mes parents de plier bagage et de partir vers le village voisin, Moergestel, où les risques sont moindres.

La mort dans l'âme, ma mère prépare un sac à dos pour chacun de nous, place le bébé bien emmitouflé dans la voiture d'enfant, et nous quittons la maison à pied. Notre marche est lente, car nous n'avons pas envie de partir. Pourquoi quitter notre maison, nos amis et les soldats qui vivent avec nous? Cette fuite vers l'inconnu anéantit notre joie de la Libération.

Tout le long de la route, nous passons devant les chars d'assaut canadiens cachés sous les arbres, avec leurs équipages bien en sécurité, couchés dans un trou peu profond creusé sous leurs chars. Les soldats regardent passer notre triste cortège.

Un officier s'avance et demande à mes parents pourquoi nous fuyons. Mon père explique. Il s'ensuit une discussion entre soldats canadiens qui se termine par le conseil unanime de retourner chez nous. Quitte à risquer de mourir à Moergestel ou chez nous, nous préférons être dans notre maison. Nous courons sur le chemin du retour, la voiture d'enfant avec le bébé en avant et nous, tout excités, en arrière.

Avec la Libération, certaines nouvelles commencent à circuler plus librement. Des photos troublantes font leur apparition dans les vitrines de plusieurs magasins. Photos de personnes mortes dans ce que les gens appellent des «camps de concentration». Des visages blancs et figés, les yeux entrouverts, qui ressemblent à des masques de plâtre. La mort s'est installée partout.

Cette Libération que j'attends depuis si longtemps est enfin arrivée avec ses célébrations de victoire et de joie. Mais la mort, ce trouble-fête qui fait son entrée sournoisement et qui fauche impitoyablement ceux que nous aimons: l'accompagne.

De nouvelles trouvailles

La Libération nous apporte, à nous, enfants, avec sa kermesse de folies et de mort, un trésor de pièces d'armes et d'objets étranges. Un après-midi, mon grand ami Léo arrive. l'air triomphant, les mains derrière le dos. Il cache quelque chose.

—J'ai trouvé un truc rare!

—Quoi? Montre-moi!

Il sort de derrière son dos un objet que j'avais vu sur la tête de nos Allemands et que j'ai pu manipuler avec mon ami canadien: des écouteurs.

—Léo. Sacré chanceux! Où as-tu trouvé ça?

—À côté d'un char d'assaut canadien en panne.

—Léo, t'es mon ami. Prête-moi tes écouteurs.

Léo n'est pas emballé par cette idée, et il a un petit air un peu malicieux.

—Je ne les prête pas mais je suis prêt, peut-être, à les échanger contre ton casque allemand. Écouter les voix de l'armée, ça vaut bien un vieux casque sale.

Il faut avouer, en toute franchise, que mon casque a un peu perdu de son attrait. Il ne me va pas très bien. Il a une fâcheuse tendance à me tomber sur le nez ou à glisser sur le côté. Je trouve aussi que le petit chapeau de cuir qui se trouve à l'intérieur sent l'Allemand. L'échanger contre des écouteurs et pouvoir entendre des voix lointaines est une perspective qui me réjouit assez. Seulement, il me faut non seulement ces écouteurs, mais aussi le long fil précieux qui vient avec, autrement je ne pourrai peut-être pas le faire fonctionner.

D'un air faussement attristé, j'entame donc ma négociation avec Léo:

—Ça me fait mal au cœur de te donner mon beau casque. T'es mon meilleur ami. Je suis prêt à l'échanger contre tes écouteurs, mais avec leurs fils. Sinon je le garde.

Léo a l'air moins triste que moi et me tend ses écouteurs avec la traînée de fils.

—C'est à toi.

Il m'arrache presque le casque, et en deux temps trois mouvements, il a disparu avec son chapeau de chevalier.

Je m'installe aussitôt sur le perron. Bon endroit pour manœuvrer l'engin, car les soldats canadiens s'y installent aussi pour jouer avec leur radio portative. Je colle les écouteurs bien fort sur mes oreilles et j'attends les voix lointaines. Il ne se passe rien. Je tripote les fils. Toujours rien. Ils ont pourtant l'air bien attachés. Franchement, des écouteurs muets, ce n'est pas plus intéressant qu'un casque trop grand qui sent l'Allemand.

Je cours chez Léo. Il est introuvable. Je tombe sur Gérard, son plus jeune frère.

—Gérard, Léo m'a donné ses écouteurs, mais ils ne marchent pas. Comment ça se fait?

Gérard a l'air innocent.

—Hé, Gérard. Qu'est-ce que je fais avec ces damnés écouteurs. Je n'entends rien.

— Peut-être qu'il te manque une antenne. J'ai vu que les Allemands avaient une antenne sur le toit de votre garage. Tu sais, l'espèce de croix en bois entourée de fils reluisants comme une toile d'araignée? Essaie donc!

Je retourne à la maison, fâché contre Léo que je soupçonne de m'avoir joué un tour, mais rempli d'espoir à l'idée de régler le problème avec cette fameuse antenne. Mon père me déniche du fil «reluisant». Je me fabrique une croix avec deux morceaux de bois et l'embobine comme le ferait une araignée maladroite qui tisserait une toile un peu asymétrique.

Voici maintenant la minute de vérité. L'antenne est prête, les fils des écouteurs sont solidement attachés au fil «reluisant». J'installe mes écouteurs. Le grand silence. Je secoue l'antenne, tire sur les fils, souffle dans les écouteurs — il y a peut-être de la poussière dedans... Rien, rien! Les écouteurs sont morts, deux petites assiettes avec un petit trou noir, mais pas la moindre voix lointaine. Ce sacré Léo. Il m'a bien eu!

Je suis évidemment trop humilié pour en reparler à Léo. Le mieux, c'est encore de se débarrasser de ce faux trésor. Il ne me reste plus qu'à le refiler à un autre ami, tout aussi naïf que je l'ai été. Je n'ai pas à chercher bien longtemps. Piet Van Sterren, le fils d'un cultivateur qui habite tout près de chez nous mais avec qui je n'ai pas le droit de jouer, arrive fièrement avec une trouvaille plus extraordinaire encore que le casque et les écouteurs combinés. Il a «trouvé», Dieu sait où, car il ne veut pas le dire, un périscope de char d'assaut.

Un périscope, ce merveilleux œil du chauffeur qui lui permet de tout voir sans être vu, de foncer sans être touché par l'ennemi. Avec ce beau machin, avec ses petites fenêtres brillantes, on peut regarder par-dessus un mur sans être vu, surveiller le coin de la maison tout en restant caché. Piet me le passe:

— Regarde pour voir. C'est épatant!

Quelle merveille! C'est le moment ou jamais de me débarrasser de mes écouteurs morts qui sont au fond de ma poche. Peut-être que Piet va mordre à l'hameçon comme je l'ai fait avec ce sacré Léo, le traître. Je prends l'allure d'un conspirateur et sors les écouteurs de ma poche avec leurs longs fils.

— Hé, Piet. J'ai quelque chose qui peut t'intéresser

Je n'ose pas trop en rajouter et me contente de lui montrer ma merveille.

— Hé! s'écrie Piet, c'est comme sur la tête des Allemands chez vous et sur la tête du capitaine de char d'assaut. Veinard!

— Écoute Piet, j'ai assez joué avec ces écouteurs, je suis prêt à les échanger contre ton vieux périscope!

— Marché conclu! s'exclame Piet. Passe-moi tes écouteurs. Voici mon périscope! Amuse-toi bien!

Avant que le pauvre Piet ait le temps de me consulter sur le mode d'emploi, je me sauve en lui criant le bonjour.

Ce que j'ai pu jouer cet après-midi-là avec le périscope! C'était extraordinaire! Mais les possibilités sont malgré tout limitées. Après avoir regardé une dizaine de fois par-dessus le mur et autour du coin de notre maison et de celle du voisin, je finis par le prêter à mes sœurs, moyennement intéressées.

Chienne de vie! Pourquoi avoir lâché mon casque pour toutes ces chimères? Ces jouets d'adultes ne sont finalement pas très excitants, quand le principal de l'équipement nous fait défaut.

De toute cette aventure de faux trésors et de demi-duperies, il nous reste finalement nos amis. Après nos déceptions, quelques franches discussions et la fin de nos rêves de chevalier, d'opérateur de radio et de chauffeur de char d'assaut, nous retrouvons le plaisir de nous conter nos bons coups. De bons amis valent bien cent casques militaires et au moins mille écouteurs.

D'ailleurs, je découvre quarante

ans plus tard qu'avec mes cheveux frisés, je n'ai pas une tête à casque. Les rires et les moqueries de mes filles qui m'ont vu en train d'essayer la collection de casquettes et de casques militaires dans un surplus de l'armée me l'ont bien prouvé.

La moisson de bandoulières de balles et la présence d'obus nous entraînent dans des jeux plus audacieux. Nous découvrons que les petits écriteaux en métal qui indiquent la présence de câbles de la Société de Poste-Télégraphe-Téléphone sont criblés de petits trous qui forment les lettres PTT. Ces trous ont, pour notre plus grande joie, la taille exacte des pointes de balles. Nous plantons les balles la tête la première dans les trous et avec un bon coup de pied elles se détachent de leur douille. Nous avons maintenant libre accès à la poudre. Nous en faisons un gros tas qui, à l'aide d'une allumette, se transforme en feu incroyable lequel, pendant quelques secondes s'élève plus haut que la maison.

Une autre merveille est la poudre en tige qui se trouve entassée dans les grosses douilles d'obus. Je les place en grappes dans le magasin vide d'une mitrailleuse abandonnée. J'écrase d'abord le ressort qui maintenait les balles sous tension et je le fixe avec un clou à travers un trou que la providence a prévu au bon endroit dans le magasin. Quand je retire le clou, le ressort lance au loin les tiges de poudre enflammée. Impossible de viser juste, mais c'est impressionnant.

L'envie de préparer ou de faire la guerre s'évanouit après quelques semaines. Il y tellement d'autres choses à faire. Dans un dernier sursaut guerrier, je fabrique un char d'assaut en installant sur la charrette d'enfant de grosses boîtes en bois qui ont contenu les conserves de *corned beef* et de ragoût des soldats canadiens. Dans une des boîtes du haut, je perce un trou pour y introduire mon périscope.

Mais, là encore, faute de combattants, le char d'assaut s'endort dans le garage pendant que nous recommençons à planifier avec plaisir nos cirques chaotiques et nos pièces de théâtre abracadabrantes, recommençons à construire des autos, à creuser des cachettes secrètes avec nos frères et sœurs, nos chiens et nos chats et, bien sûr, avec la complicité de nos mères. Les plaisirs du spectacle auront eu la vie plus dure que nos jeux de guerre.

Une fois le village libéré et ses rues nettoyées des débris, il faut débarrasser la forêt avoisinante de ses milliers de mines meurtrières et ramasser dans les champs les vaches mortes, toutes raides et gonflées.

Bientôt nous avons tous la tête infestée de poux et nous nous grattons sans répit. Les soldats organisent à notre intention une offensive antipoux. L'un d'entre eux nous rase la tête, pendant qu'un autre nous asperge le crâne avec une pompe pleine de DDT. Les poux sont morts, nous avons bien l'allure un peu étrange avec nos têtes chauves et enfarinées, mais le problème est définitivement réglé.

Encore des coups

J'ai fait une autre bêtise qui aurait pu, encore une fois, me coûter très cher. Avec le départ des Allemands, nous avons enfin accès à leurs bunkers, ces sombres forteresses pleines de fentes étroites servant à y installer fusils et mitrailleuses.

Pour éclairer cette caverne mystérieuse, mon ami Peter Winter a apporté une petite boîte métallique de cigarettes anglaises Players, vide de son contenu, ainsi qu'un paquet d'allumettes. Il a rempli la boîte d'essence qu'il dit avoir «trouvée» quelque part.

Je cherche mon chemin dans le bunker obscur en trébuchant sans arrêt. Je lui demande donc la petite boîte à essence en le priant d'allumer une allumette. La boîte m'explose dans les mains, je tombe et l'essence vole en l'air. Bientôt, j'ai le visage et les cheveux en feu. Je hurle et réussis à sortir.

Dans son jardin à côté du bunker, ma tante vient d'étendre des draps fraîchement lavés. Je me jette dans les draps mouillés, le visage brûlant et les cheveux fumants. J'ai les yeux collés et je ne vois plus rien. À bout de nerfs, je m'arrache la peau avec les doigts.

Peter court avertir sa mère. Nous nous rendons ensemble à l'hôpital. Un médecin m'examine, m'enduit le visage d'une épaisse couche d'onguent et me pose un masque dans lequel il découpe des trous pour les yeux, le nez et la bouche.

Le soir, ma tante me nourrit avec de la compote de pommes. Je parviens à l'avaler à travers le trou de mon masque. C'est la meilleure compote que j'aie jamais goûtée! Bizarrement, je ne souffre pas trop. Je suis même un peu fier de mon masque de combattant. Je porte le masque pendant un ou deux mois et une fois le bandage enlevé, j'ai une peau toute neuve, un peu tirée, très sensible au changement de température, mais somme toute normale. Mes parents, qui ont vécu dans l'inquiétude pendant tout ce temps, se sont sûrement dit en regardant ma face de crapaud:

— Il y a un bon Dieu pour les innocents.

La paix encore menacée

À l'approche de l'hiver, deux événements particulièrement inquiétants viennent troubler le bonheur de la Libération, et semer une profonde inquiétude dans notre famille: l'attaque allemande dans les Ardennes et les bombes volantes.

En décembre 1944, nous apprenons par les Canadiens que les Allemands viennent de lancer une terrible offensive dans les Ardennes, à une centaine de kilomètres de chez nous. En dépit de la présence des Alliés, nous nous sentons pris dans un étau entre les troupes allemandes solidement retranchées au nord et celles lancées dans la bataille au sud. Les Canadiens seront-ils obligés de se retirer? Les Allemands viendront-ils reprendre Oisterwijk?

Les Canadiens se disent confiants, mais ils sont visiblement préoccupés.

D'ailleurs, nous subissons, depuis le mois d'octobre, les survols énervants des bombes volantes allemandes, les V 1. Notre village est sur la trajectoire de ces bombes qui sèment la mort à Anvers et à Londres. Ils ont l'air inoffensifs, ces «cigares» dans le ciel. Ils ont un bruit saccadé caractéristique que nous reconnaissons immédiatement. Du moteur qui porte la bombe sort une longue flamme dont la longueur permet de prévoir la durée de vol. Si la flamme est forte, nous respirons car cela signifie que la bombe a encore un long trajet à parcourir. Si la flamme est courte et le bruit du moteur, hésitant, l'engin est en fin de course. Si le moteur s'arrête, c'est le signe d'une catastrophe imminente car la bombe va plonger sans délai et exploser dans les environs.

Le soir du jour de l'An 1945, mes parents organisent une petite fête pour nous et nos amis canadiens. Nous sommes à table lorsque nous entendons le toussotement d'un V1. Nous courons à l'extérieur pour le repérer et mesurer sa flamme.

À la faveur de la nuit, nous le localisons rapidement. Sa flamme est faible et son moteur tousse. Nous nous regardons, inquiets. Tout à coup, la flamme s'éteint, le moteur devient muet, et nous entendons le sifflement de la bombe qui amorce sa plongée. Nous suivons, pétrifiés, sa chute par-dessus les arbres au fond du jardin. Puis... plus rien! Le silence! La bombe est tombée dans un étang, sans exploser. Ce jour de l'an reflète bien tout ce qui caractérise cette période faite de beaucoup de joie mêlée à des moments de pure terreur.

L'offensive des Ardennes se termine par la victoire des Américains malgré laquelle les V1 continuent à nous rendre nerveux pendant encore quelques bonnes semaines. La paix ne s'installera réellement qu'en mai 1945.

Les défilés de la Libération

Quand, en mai 1945, les cloches du village sonnent enfin le glas de la guerre, nous nous mettons à préparer les grandes fêtes de la Libération. Avec tissu, papier et carton, ma mère fabrique pour nous et nos amis une bonne vingtaine de costumes de parade. Elle accroche au mur les beaux habits de princes, de paysans, de paysannes et d'Indiens ainsi confectionnés.

Nous faisons un grand défilé bigarré dans les rues d'Oisterwijk, au milieu des hourras et devant des maisons détruites par les obus. Après le défilé, nous nous rendons, avec les enfants de notre rue, à la Kapelleke, la petite chapelle dédiée à la Vierge Marie, près de chez nous. Nous y déposons fièrement un grand carton de remerciement où figure la liste de nos noms.

Nous apprenons avec consternation que des gens du village ont organisé, avant nous, un bien étrange et lugubre défilé. Ils ont promené, sur des charrettes tirées par des chevaux, des femmes, tête rasée et peinte en rouge, celles-là même qui ont fréquenté des soldats allemands durant l'occupation. Les gens les ont même huées et ont craché sur elles. Entre enfants, nous n'aimons pas beaucoup cette triste idée.

Traudi

Pendant neuf mois, une visiteuse inattendue vient partager avec nous les joies de la paix: c'est une petite Allemande, de Munich, je crois. Traudi fait partie de ces nombreux enfants allemands, affamés et sans abri, dont les parents sont incapables de s'occuper au lendemain de la défaite de l'Allemagne, et qui viennent se refaire une santé dans des familles hollandaises. Traudi a huit ans, elle est toute blême et timide, mais très vive, et elle a de beaux yeux. Elle me fait penser aux enfants du soldat allemand qui m'a montré sa photo de famille l'été précédent.

La petite reprend vite des couleurs et devient membre à part entière de notre famille et, bien sûr, de notre bande. Elle joue dans nos cirques et nos pièces de théâtre, car la langue hollandaise n'a bientôt plus de secrets pour elle.

Quand elle nous quitte, neuf mois plus tard, nous sommes bien tristes de perdre cette petite sœur venue du pays de nos anciens occupants. C'est bien compliqué la guerre. Heureusement que les enfants s'y retrouvent!

Une bien petite histoire...
peut-être

La paix est revenue et avec elle le retour à la vie normale. Les écoles se remplissent à nouveau d'enfants. J'ai terminé mon école primaire et mes parents ont décidé que je poursuivrais mes études classiques au Collège St. Dominicus, à Nimègue.

Six mois après la fin de la guerre, en octobre 1945, je me retrouve donc membre du groupe le plus jeune, avec des centaines d'autres enfants de mon âge, pour étudier les mathématiques, le latin, le grec, l'anglais, le français, l'allemand et bien d'autres matières.

Dans la grande salle à manger du collège, assis autour des longues tables de bois, nous nous racontons avec enthousiasme nos histoires de guerre. Mes copains qui viennent en majeure partie des grandes villes du nord de la Hollande, Amsterdam, Rotterdam, Haarlem, Utrecht, Groningen, écoutent mes récits avec un sentiment de supériorité.

— Mon cher Brabançon, ce n'était pas très sérieux, la guerre chez vous. Tu n'as pas eu faim. Les cadavres des gens morts de faim ne gisaient pas sur les trottoirs de ton patelin. Ton village n'a même pas été bombardé. As-tu côtoyé les SS? As-tu jamais assisté aux razzias dans ta rue, aux rafles des hommes qu'ils emmenaient en Allemagne? Tu sais, notre guerre était bien plus terrible, et elle a duré jusqu'en mai. Tu vas voir quand on te racontera nos histoires.

Les copains avaient peut-être raison. La guerre semblait plus terrible dans le nord que chez nous. Oisterwijk est tellement plus petit qu'Amsterdam ou Rotterdam, mais mes histoires m'ont quand même ouvert les yeux. Alors, je me suis juré qu'un jour je les conterais peut-être à d'autres qui les comprendraient.

Table des matières

Boréal Junior

Boréal Inter